AF230493

TESTAMENT RELIGIEUX

DE

NAPOLÉON Ier

SA PROFESSION DE FOI

SUR DIEU,
SUR JÉSUS-CHRIST ET SUR LES PRINCIPAUX DOGMES
DU CHRISTIANISME.

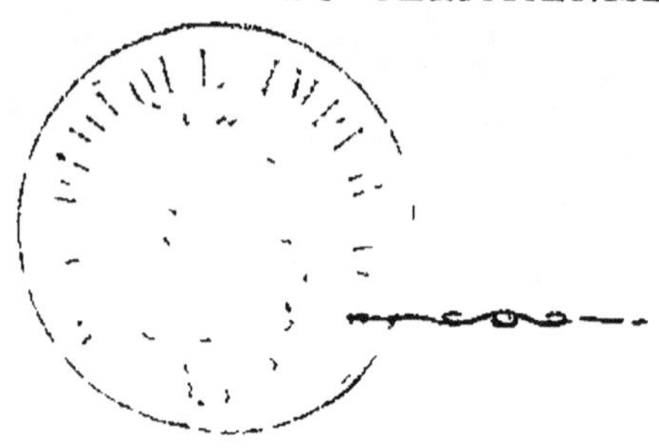

PARIS

LIBRAIRIE DE J.-L. PAULMIER, ÉDITEUR,

RUE DE RENNES, 15.

1861

TESTAMENT RELIGIEUX

DE NAPOLÉON.

I

« J'ai eu besoin de croire, j'ai cru. »

Ces paroles, extraites du *Mémorial de Sainte-Hélène,* empruntent aux circonstances du temps et du lieu où elles furent prononcées et de l'homme qui les prononça, un caractère de solennité qui nous impose. Le lieu, c'était Sainte-Hélène, et l'homme était Napoléon. Il allait bientôt rendre compte à Dieu de sa vie prodigieuse; ses dernières paroles doivent donc être prises au sérieux; elles ont la gravité d'un testament. Or, elles nous apprennent que Napoléon a fini par croire, comme il avait commencé.

Dans l'emportement de la première jeunesse, entouré de matérialistes et d'athées, il a douté un jour; il s'est laissé distraire par le bruit qu'il faisait lui-même et par les applaudissements de l'univers; mais il n'a jamais nié, et son doute finalement reste résolu dans un acte de foi.

« Telle a été, pour mon compte et à la lettre, la marche de mon esprit, dit-il; j'ai eu besoin de croire, j'ai cru. »

Et, en effet, nous le verrons, il revint à la foi de sa mère, et se reprit à croire, comme lorsqu'il était enfant.

A Sainte-Hélène, dans les longues heures de sa captivité, il devait regretter bien des choses! Sur quoi s'imagine-t-on que portaient surtout ses regrets? Ecoutons-le lui-même les exprimer avec amertume :

« Le son des cloches me manque ici, dit-il à ses compagnons d'exil, il me manque... je ne m'accoutume pas à ne plus l'entendre. Jamais le son d'une cloche n'a frappé mon oreille, sans reporter ma pensée vers les sensations de mon enfance. L'*Angelus* me ramenait à de douces rêveries. Quand, au milieu du travail, j'en entendais les premiers coups, sous les bois ombragés de mon palais de Saint-Cloud ; bien souvent on me croyait rêvant un plan de campagne ou une loi de l'Empire, quand tout simplement je reposais ma pensée, en me laissant aller aux premières impressions de ma vie. Au fait, la religion, c'est le règne de l'âme, c'est l'ancre de sauvetage du malheur [1] ! »

Ainsi ce que l'Empereur, cloué sur son rocher solitaire, regrette surtout, ce n'est ni l'empire, ni la puissance, ni le bruit du canon, ni l'ivresse de la victoire, mais la cloche, l'*Angelus*, l'église, les impressions et les images de son enfance, et l'école de Brienne !

C'est à l'école de Brienne qu'il avait fait sa première communion. Cet acte si important en lui-même et dans ses suites, fut, pour Napoléon, l'un des actes les plus sérieux de toute sa vie. Il en conserva toujours, non pas une vague réminiscence, mais un souvenir profond, délicieux, inef-

1. Extrait de l'Histoire de la captivité, par le général Montholon.

façable, un sentiment exalté, et comme un avant-goût du parfait bonheur.

. Un jour, après une victoire décisive, il était dans sa tente, et recevait les félicitations d'un nombreux état-major. Quelqu'un d'entre les assistants, lui dit : « Sire, c'est le plus heureux jour de votre vie ! » Napoléon répliqua vivement : « Non, Monsieur... » Il se fit un silence et chacun ensuite nomma le jour qui lui semblait mériter le mieux cette qualification : « Montenotte, le 18 brumaire, Marengo, le couronnement, Austerlitz, la naissance de son fils. »—« Non, messieurs, » dit encore Napoléon : il y eut un nouveau silence et de l'étonnement; et Napoléon, grave, recueilli et très-ému, nomma, *le jour de sa première communion.* Comme il promenait son regard sur l'assemblée, qui ne témoignait que de la surprise, il vit briller une larme dans l'œil du général Drouot, il s'approcha de lui, et lui serrant la main : « Vous me comprenez, vous, lui dit-il. » C'est Drouot lui-même qui a raconté le fait; Drouot, général d'artillerie, l'un des hommes les plus honnêtes de tous ceux qui ont figuré dans l'Empire, et un chrétien qui observait sa religion au milieu des camps comme l'ordre du jour, et avec la régularité d'un moine. Ce mot de Napoléon et le souvenir de sa première communion qui lui revient dans une pareille circonstance, nous paraît quelque chose de plus extraordinaire et de plus beau qu'une bataille gagnée.

Dans plusieurs de ses lettres à son oncle, datées de l'école de Brienne, l'écolier, futur empereur, lui exprimait la vivacité de ses sentiments religieux et son enthousiasme : « Je sens, avec un bonheur réel, écrivait-il, qu'à travers mes travaux et la carrière de l'épée où je m'engage, je marche catholique et dans la foi de mon père. »

Mais c'est à Sainte-Hélène qu'il aurait fallu le voir et l'entendre, au milieu du silence de mort qui s'était fait autour de lui ! Il méditait tout haut, et sa parole marchait au pas de charge, comme son imagination. Ah ! il ne bégayait pas, celui-là. Quel style ! C'est clair, précis, nerveux, plein de hardiesse et d'images saisissantes. Ce n'est pas une plume ordinaire qui aurait écrit cela ! Il semble que c'est buriné avec la pointe d'une épée.

Souvent le prisonnier de Sainte-Hélène traitait les questions religieuses devant les compagnons de sa captivité, et il dissertait avec une autorité de science et de raison, qui leur imposait. Ils n'avaient jamais entendu parler ainsi sur ces graves matières; ils étaient stupéfaits. Ces hommes, qui entouraient l'Empereur, étaient généralement peu croyants; c'est pour cela même qu'ils sont pour nous des témoins d'autant plus croyables.

D'ailleurs, leurs relations sont contrôlées l'une par l'autre. Un critique consciencieux, le chevalier de Beauterne, a discuté les témoignages et interrogé la plupart des témoins; il a fait un livre là-dessus [1]. C'est de ce livre que nous extrayons les curieuses dissertations qu'on va lire sur l'existence de Dieu, sur la divinité de Jésus-Christ, etc. On trouvera là comme le testament religieux de Napoléon, sa profession de foi, son dernier mot en fait de croyances.

Quant à l'authenticité de cet acte, tout le monde la reconnaîtra de prime-abord, aussi

1. *Sentiments de Napoléon sur le Christianisme*, par le chevalier de Beauterne.

bien que les quelques altérations de détails qui ont pu s'y glisser, et les quelques phrases explicatives qui servent de ligaments et de commentaire au texte, ou de transitions. Mais quand Napoléon parle, on le sent bien; on dit : C'est lui. Personne n'a jamais imité le style de Napoléon.

II

Sur l'existence de Dieu.

Le général Bertrand disait à Napoléon : « Sire, vous croyez en Dieu; j'y crois également, mais enfin qu'est-ce ? Qu'en savez-vous ! L'avez-vous vu ? »

L'Empereur répliquait :

« Qu'est-ce que Dieu ? Si je le connais, ce que j'en sais ? Eh bien ! je vais vous le dire : répondez à votre tour : Comment jugez-vous qu'un homme a du génie ? Est-ce quelque chose que vous avez vu ? est-ce une chose visible, le génie ? Qu'en savez-vous pour y croire ? On voit l'effet et de l'effet on remonte à la cause, on la cherche, on la trouve, on l'affirme, on y croit, n'est-ce pas ? Ainsi sur un champ de bataille, quand l'action est engagée, si tout d'un coup le plan d'attaque est reconnu mauvais, à la promptitude, à la justesse des manœuvres, on admire, on s'écrie : *Un homme de génie !* Au fort de la mêlée, quand la victoire flottait indécise ; pourquoi, vous, le premier, me cherchiez-vous du regard ? Oui, vos lèvres m'appelaient, et de toutes parts on n'entendait qu'un cri : L'empereur où est-il ? Les ordres ?

« Qu'est-ce que c'était que ce cri ? C'était le cri de l'instinct et de la croyance générale à moi, à mon génie.

« Eh bien ! moi aussi, j'ai un instinct, une certitude, une croyance, un cri qui m'échappe malgré moi ; je réfléchis ; je regarde la nature avec ses phénomènes et je dis : *Dieu.* J'admire et je m'écrie : *Il y a un Dieu.*

« Mes victoires vous font croire en moi ; eh bien ! l'univers me fait croire en Dieu. J'y crois à cause de ce que je vois, à cause de ce que je sens. Ces effets merveilleux de la toute-puissance divine, ne sont-ce point là des réalités aussi positives et plus éloquentes que mes victoires ? Qu'est-ce que la plus belle manœuvre auprès du mouvement des astres ? Puisque vous croyez au génie, dites-moi du moins, dites-moi, je vous prie, d'où vient, chez l'homme de génie, cette invention d'idées, l'inspiration, ce coup d'œil, qui n'est propre qu'à lui ? répondez ! d'où vient cela ? indiquez-en la cause ! Vous l'ignorez, n'est-ce pas ? Eh bien ! moi aussi, et personne n'en sait plus que nous deux. Et cependant cette singularité qui signale quelques individus, n'est-ce point un fait aussi évident, aussi positif qu'aucun autre fait ? Mais s'il est une telle différence dans les esprits, il y a une cause apparemment, c'est quelqu'un qui la fait cette différence; ce n'est ni vous, ni moi, et le génie n'est qu'un mot qui n'apprend rien de sa cause. Que quelqu'un vienne dire: Ce sont les organes: Voilà une niaiserie bonne pour un carabin, mais non pour moi, entendez-vous?

« Votre esprit à vous, est-il celui du pâtre que nous apercevons d'ici dans la vallée à garder ses moutons? N'y a-t-il pas la même distance entre vous et lui qu'entre un cheval et un homme? Comment le savez-vous? Ce n'est pas que vous ayez jamais vu son esprit. Non, l'esprit d'une bête a le don d'être invisible; il a ce privilége comme le plus grand génie.

« Mais vous avez causé avec ce pâtre, vous avez examiné son visage, vous l'avez questionné, et ses réponses vous ont dit ce qu'il était. Vous jugez donc la cause d'après les effets? et vous jugez bien. Certes votre intelligence, votre raison, vos facultés sont infiniment au-dessus de celles de ce pâtre.

« Eh bien! moi, je suis la même marche, et les effets divins me font croire à une cause divine. Oui, il existe une cause divine, une raison souveraine, un être infini, cette cause est la cause des causes, cette raison est la raison créatrice de l'intelligence. Il existe un être infini, auprès duquel, général Bertrand, vous n'êtes qu'un atôme; auprès duquel, moi, Napoléon, avec tout mon génie, je suis un vrai rien, un pur néant, entendez-vous? Je le sens, ce Dieu... je le vois... j'en ai besoin, j'y crois... Si vous ne le sentez pas, si vous n'y croyez pas, eh bien ! tant pis pour vous...

« Mais je m'emporte, général; vous croyez

l'existence de Dieu, à la bonne heure : je pardonne bien des choses; mais j'ai horreur de l'athée et du matérialiste. Comment voulez-vous que j'aie quelque chose de commun avec un matérialiste, avec un homme qui ne croit pas à l'existence de l'âme; qui croit qu'il est un tas de boue et qui veut que je sois, comme lui, un tas de boue? »

III

Critique du protestantisme.

L'Empereur avait peu de goût pour le protestantisme, et il saisissait volontiers l'occasion d'en faire la critique. Voici ce qu'il en disait un jour à Sainte-Hélène :

« On peut appeler le protestantisme, si l'on veut, la religion de la raison, dénomination bien convenable pour une invention de l'homme.

Le catholicisme au contraire est la religion de la foi, parce qu'il est l'œuvre de Dieu.

Sans doute nous avons tous du penchant

à rapporter tout à l'aune de notre jugement. et à ne croire que ce qui tombe sous nos sens.

« Humainement parlant, je m'arrangerais de faire la Cène en mémoire de Jésus-Christ, plutôt que de manger réellement son corps et de boire son sang, ce qui est difficile à entendre et dur à croire.

Mais dois-je m'étonner de rencontrer des mystères dans la religion, quand j'en vois partout dans la nature. Moi qui ne conçois rien de la création, qui ignore l'essence des choses, dois-je m'étonner que l'explication même de tant de mystères soit un dogme tout mystérieux? Je m'étonnerais plutôt qu'il en fût autrement.

« Oui, la religion est ce qu'elle doit être, eu égard à la grandeur de l'Etre-Suprême et à la misère d'une pauvre créature; j'y vois précisément la preuve de la vraie religion. Pourquoi ne pas nier l'azur, parce qu'on ne peut en mesurer ni en embrasser l'immensité avec le compas?

« Il n'est que Dieu, il n'est que la foi qui puisse atteindre et résoudre ces hautes questions de la création du monde et de la destinée humaine.

D'ailleurs si le protestantisme s'approprie mieux à mon imbécillité humaine, comme roi, comme chef d'un grand empire, je demeure catholique.

Le catholicisme est la religion du pouvoir et de la société, comme le protestantisme est la doctrine de la révolte et de l'égoïsme. La religion catholique est une, mère de la paix et de l'union.

L'hérésie de Luther et de Calvin est une cause éternelle de division, un ferment de haine et d'orgueil, un appel à toutes les passions.

Le clergé catholique a présidé à la fondation de la société européenne; ce qu'il y a de meilleur dans la civilisation moderne, les arts, les sciences, la poésie, tout ce dont nous jouissons est son ouvrage. Tous les éléments d'ordre, qui assurent la paix des états, sont encore un de ses bienfaits.

Au contraire, le protestantisme a signalé sa naissance par la violence, par les guerres civiles. Après avoir détruit l'autorité par un esprit de doute, et par une critique de mauvaise foi, l'hérésie a préparé, par l'affaiblissement de tous les liens sociaux, la ruine de tous les états. L'individu livré à lui-même, s'abandonne au scepticisme ; le besoin de croire, de se confier à son semblable, est la base de tous les rapports des hommes entre eux : on a sapé cette base.

L'anarchie intellectuelle que nous subissons est une suite de l'anarchie morale, de l'extinction de la foi, et de la négation des principes, qui a précédé.

Bientôt nous subirons les convulsions de l'anarchie matérielle ; quand les riches auront mis tout frein de côté, le peuple se précipitera aussi vers les jouissances matérielles. L'Europe est atteinte du mal de l'idéologie, mal incurable ! elle en mourra. Les plus belles idées du monde n'ont de valeur que par leur réalisation ; si les idées ne se personnifient, politiquement parlant, ce sont des rêves. Telles sont les idées du journalisme, qui prêche de véritables utopies.

« Si le protestantisme a vraiment, comme on le dit, développé l'esprit industriel, augmenté le bien-être matériel, ce léger avantage, qu'on pouvait obtenir avec le catholicisme, est largement compensé par toutes sortes de maux causés par le libre examen, sans parler de ceux qui sont imminents pour l'avenir.

Un protestant honnête homme ne peut pas ne pas mépriser Luther et Calvin; ces violateurs éhontés du second commandement de Dieu; l'idée de Dieu est inséparable de la foi à la parole. Qu'espérer de bon de ces deux religieux catholiques, déserteurs de leur couvent et de la foi jurée? Ils étaient liés par les vœux les plus solennels et qui obligent le plus étroitement, ceux de religion; ils y renoncent sans avoir aucune excuse! Ces deux moines apostats ignoraient-ils que le serment est la base des sociétés, si bien que Jephté a tué sa fille pour accomplir un vœu imprudent, ce qui est raconté sans le moindre blâme dans la Bible? Ils ont mis de côté le célibat pour favoriser, pour assouvir leur luxure et celle des princes qui les protégeaient. Sont-ce là des hommes de Dieu? Un Henri VIII, un Luther, un Calvin peuvent-ils être des agents, des intermédiaires de la Divinité? D'ailleurs, qu'est devenu le protestantisme primitif? Les protestants n'en ont rien retenu, que la maxime absurde de ne s'en rapporter qu'à soi sur les matières religieuses. Aussi, de nos jours, les protestants ne s'entendent pas plus entre eux qu'avec nous autres catholiques.

On compte 70 sectes reconnues ; on en compterait 70,000 si l'on consultait chaque protestant sur sa croyance.

Et comment en serait-il autrement ? Est-il un lien assez fort pour réunir des hommes qui croient plus à eux-mêmes qu'à des règles, à des définitions et à un symbole, qui n'admettent ni base fixe ni autorité, qui demain peuvent rejeter ou démentir leurs croyances d'aujourd'hui ?

Peut-être on finira par s'entendre avec un schismatique, parce qu'ici la porte n'est pas ouverte à toutes les nouveautés. Il y a une limite à l'erreur. Un schismatique reconnaît invariablement les mêmes dogmes, parce qu'il demeure soumis à une autorité.

L'empereur Alexandre et moi, nous aurions peut-être rétabli l'unité entre les communions chrétiennes. Nous en avions conçu le projet ; cela était possible. Mais ce serait une folie de penser à un rapprochement avec

un protestant qui croit au dogme de son in-
faillibilité et à la souveraineté monstrueuse
de l'individu.

Où trouver un point de ralliement avec
des sectaires dont la secte est fondée sur une
base aussi mouvante que le droit, pour chaque individu, d'interpréter l'Évangile suivant les inspirations de sa conscience, sans
assujettissement ni à la tradition ni à l'autorité?

Il est vrai que le catholicisme est un océan
de mystères; mais outre que le protestantisme les admet presque tous, la religion catholique possède dès avantages qui me la fe-
ront toujours préférer à toute autre. Elle est
une, elle n'a jamais varié et elle ne peut
changer. Ce n'est pas la religion de tel
homme, mais la vérité des conciles et des
papes, qui remonte sans interruption jusqu'à
Jésus-Christ, son auteur.

Elle possède tous les caractères d'une
chose naturelle et d'une chose divine; elle
plane au-dessus des passions et des vices;
elle est un soleil qui éclaire notre âme avec
mystère et majesté; elle est infiniment supérieure à notre esprit, et, malgré cette supé-

riorité, très-appropriée aux plus communes intelligences. Sa vertu est une vertu cachée, qui est au dedans de l'homme comme la séve au dedans des arbres.

Telle est la religion catholique, qui met l'ordre partout, qui est à la fois un lien social et un lien religieux, qui fortifie le pouvoir, qui prêche à tous l'union et l'amour, et qui persuade merveilleusement à chacun son devoir.

C'est pour cela que je suis chrétien, catholique romain, parce que mon père l'était, que mon fils l'est comme moi, et que j'aurais un grand chagrin si mon petit-fils pouvait ne pas l'être [1]...

IV

Opinion de l'empereur sur la Cène selon les protestants et selon les catholiques.

Un jour qu'il était question de Luther et

[1]. Puissent ces paroles, pleines de sentiment, réveiller la foi endormie dans le cœur de plusieurs! Ah!

de Calvin, et spécialement du changement que ces deux hérésiarques s'étaient permis dans l'interprétation des paroles sacramentelles de la Cène, Napoléon formula ainsi son opinion :

Quelles sont les paroles du Christ? les voici : *Ma chair est vraiment viande, et mon sang est vraiment breuvage. Si vous ne mangez ma chair, si vous ne buvez mon sang, vous n'aurez pas la vie en vous;* et en prenant du pain : *Ceci est mon corps;* de même en prenant du vin : *Ceci est mon sang.*

Catholiques et protestants reçoivent également ces paroles; comment se fait-il qu'ils les interprètent si différemment, les catholiques dans le sens littéral et les protestants dans le sens figuré?

Les protestants veulent que tout ce langage si positif, si extraordinaire, qu'ils croient, comme les catholiques, être les paroles de l'homme-Dieu, que ce langage n'aboutisse qu'à cette maigre et chétive signification :

qu'ils daignent les écouter et y réfléchir! Dieu les a mises sans doute dans la bouche d'un grand homme pour l'enseignement de ceux qui écouteraient difficilement une autre voix que celle du génie!!!

« Ceci représente du pain, ceci représente
« du vin. Souvenez-vous de manger cette
« Cène en souvenir de moi. »

.Voilà, en effet, une explication toute vulgaire, et qui ne présente plus à la raison la moindre difficulté, je l'accorde; mais aussi je n'y vois plus rien de ce qui annonce un Dieu et la parole efficace de l'Être suprême; j'y vois l'invention, le conseil, la pensée et l'exhortation d'un homme comme moi. Mais pourquoi donc employer des mots remplis d'horreur comme ceux-ci : *Mon corps est viande*, etc., et appuyer sur ces expressions, en développer le sens avec une insistance toute particulière? pourquoi des paroles aussi épouvantables pour rendre la pensée la plus simple du monde?

Si je crois à la divinité du Christ, c'est à cause du mystère profond caché dans ces paroles, à cause de l'efficacité qu'il a su y attacher.

Si le Christ n'a entendu que cette recommandation : *Mangez du pain, buvez du vin en mémoire de moi*, et je m'unirai à vous et vous vous unirez en moi, il n'y a rien là d'un Dieu;..... en dissimulant le mystère, vous aneantissez la religion. Qu'est-il besoin d'un Dieu pour faire tout juste ce qu'un homme eut dire et faire?

Et cependant les protestants croient à la divinité de Jésus-Christ. Ils croient à l'Évangile, à la sainte Trinité et à la conception par l'opération du Saint-Esprit. Pourquoi cela? ces mystères sont au-dessus de la raison. Il n'y a que quelques mots dans l'Évangile qui les affirment; pourquoi ne pas les interpréter également avec la raison?

V

Sentiments de l'empereur sur la religion
et sur les mystères de la Croix.

Un jour le télégraphe annonce qu'un émissaire de Pitt vient de descendre à Boulogne, et qu'il sollicite l'autorisation de se rendre à Paris pour transmettre au gouvernement des communications fort importantes; c'était un certain Marseria, Corse de nation, qui, après avoir fait ses études pour l'état ecclésiastique, puis jeté le froc aux or-

·tiés, avait passe au service de l'Angleterre. Il était alors capitaine. L'empereur, après plusieurs refus de le recevoir, y consentit enfin.

Marseria se présenta à l'empereur et lui dit : « Vous savez que je ne suis qu'un pauvre officier peu riche de moi, partant peu garni d'argent d'ordinaire, et cependant aujourd'hui me voilà fourni comme un banquier; » et il tira de son gousset nombre de billets de banque. « Cela suffit, continua-t-il, pour établir que je ne viens pas ici à mes frais; mais j'ai mieux encore pour vous établir ma mission, car je suis porteur de lettres de M. Pitt. — Mon cher Marseria, interrompit l'empereur, gardez vos lettres; je n'ai rien de particulier à démêler avec M. Pitt. Je vous reçois avec plaisir comme compatriote, comme ancienne connaissance, mais non à titre d'envoyé. » Marseria reprit : « Vous vous faites une idée exagérée, injuste, des préventions de l'Angleterre à votre égard; l'Angleterre n'a rien contre vous personnellement. Elle ne tient pas à la guerre, qui la fatigue et lui coûte ses richesses; elle en achètera même volontiers la fin au prix de maintes concessions que sans doute vous n'espérez pas. Mais, pour vous donner la paix, elle vous impose une seule condition : c'est que vous l'aidiez à l'établir chez elle.— Moi, répondit l'empereur. Eh! qu'ai-je à faire en Angleterre? Ce n'est pas mon rôle, je suppose, d'y mettre la concorde; d'ailleurs, je ne vois pas comment j'y serais propre. — Plus propre que vous ne pensez, continua Marseria en pesant ses paroles; l'Angleterre est déchirée de discordes intestines, ses institutions se minent peu à peu, une sourde lutte la menace, et jamais elle n'aura de tranquillité durable tant qu'elle sera divisée entre deux cultes. Il faut que l'un des deux périsse; il faut que ce soit le catholicisme, et, pour aider à le vaincre, il n'y a que vous. Établissez le protestantisme en France, et le catholicisme est détruit en Angleterre. Établissez le protestantisme en France; à ce prix vous avez une paix telle, assurément, que vous pouvez la souhaiter.

—Marseria, répliqua l'empereur, rappelez-vous ce que je vais vous dire, et que ce soit votre réponse. Je suis catholiqueet je maintiendrai le catholicisme en France, parce que c'est la vraie religion, parce quec'est la

religion de l'Église, parce que c'est la religion de la France, parce que c'est celle de
mon père, parce que c'est la mienne enfin ;
et, loin de rien faire pour l'abattre ailleurs,
je ferai tout pour la raffermir ici.

— Mais remarquez donc, reprit vivement
Marseria, qu'en agissant ainsi, en restant
dans votre ligne, vous vous donnez des chaî-
nes invincibles, vous vous créez mille en-
traves. Tant que vous reconnaîtrez Rome,
Rome vous dominera ; les prêtres domine-
ront au-dessus de vous ; leur action péné-
trera jusque dans votre volonté ; avec eux,
vous n'aurez jamais raison à votre guise. Le
cercle de votre autorité n'atteindra jamais
jusqu'à la limite absolue, et subira au contraire de continuels empiétements.

— Marseria, il y a ici deux autorités en
présence : pour les choses du temps j'ai mon
épée, et elle suffit à mon pouvoir ; pour les
choses du Ciel il y a Rome, et Rome en dé-
cidera sans me consulter ; elle aura raison,
c'est son droit.

— Mais, reprit de nouveau l'infatigable
Marseria, vous ne serez jamais complétement
souverain, même temporellement, tant que

vous ne serez pas chef d'Eglise, et c'est là ce que je vous propose : c'est de créer une réforme en France, c'est-à-dire une religion à vous.

— Créer une religion ! répliqua l'empereur en souriant ; pour créer une religion, il faut monter sur le Calvaire, et le Calvaire n'est pas dans mes desseins. Si une telle fin convient à Pitt, qu'il la cherche lui-même ; mais, pour moi, je n'en ai pas le goût. »

Ce n'est pas seulement par l'Angleterre que cette question a été posée à l'empereur ; trois ou quatre fois elle lui a été soumise, et avec insistance, par la Russie et par la Prusse ; chaque fois la Russie et la Prusse reçurent de l'empereur la même réponse que Marseria.

VI

Sur la divinité de Jésus-Christ.

On parlait assez souvent à Sainte-Hélène de religion.

Un jour, la conversation était animée ; on

traitait un sujet bien élevé, il s'agissait de la divinité du Christ. Napoléon défendait la vérité de ce dogme avec les arguments et l'éloquence d'un homme de génie, avec quelque chose aussi de la foi native du Corse et de l'Italien.

Le général Bertrand était encore son antagoniste et celui qui lui tenait tête :

Je ne conçois pas, Sire, disait-il, qu'un grand homme comme vous, puisse adopter que l'Être suprême se soit jamais montré aux hommes, sous une forme humaine, avec un corps, une figure, une bouche et des yeux, enfin semblable à nous. Que Jésus soit tout ce qu'il vous plaira, la plus vaste intelligence, le cœur le plus moral, le législateur le plus profond, et surtout le plus singulier qui ait jamais existé, je l'accorde ; mais il est un pur homme qui a endoctriné des disciples, séduit des gens crédules, comme Orphée, Confucius, Brahma. Le Dieu juif a renouvelé le prodige des temps fabuleux, il a remplacé, en les détrônant, les divinités grecques, égyptiennes. Grand homme succédant à de grands hommes, Jésus s'est fait adorer, parce qu'avant lui, ses prédécesseurs, Isis et Osiris, Jupiter et Junon, et tant d'autres, avaient eu l'orgueil de se faire adorer.

Tel a été l'ascendant de Jésus sur son époque, l'ascendant de ces dieux, de ces héros de la fable. Si Jésus-Christ a passionné et attaché à son char les multitudes ; s'il a révolutionné le monde, je ne vois là que le pouvoir du génie et l'action d'une grande âme, qui envahit le monde par l'intelligence, comme ont fait tant de conquérants, Alexandre, César, comme vous, Sire, ou Mahomet avez fait avec une épée. »

Napoléon répondit :

Je connais les hommes, et je vous dis que Jésus n'est pas un homme.

Les esprits superficiels voient de la ressemblance entre le Christ et les fondateurs d'empire, les conquérants et les dieux des autres religions. Cette ressemblance n'existe pas. Il y a entre le christianisme et quelque religion que ce soit, la distance de l'infini.

Le premier venu tranchera la question comme moi, pourvu qu'il ait une vraie connaissance des choses et l'expérience des hommes.

Quel est celui de nous qui, envisageant avec cet esprit d'analyse et de critique que nous avons, les différents cultes des nations, ne puisse dire en face à leurs auteurs :

« Non, vous n'êtes ni des dieux, ni des « agents de la Divinité ; non, vous n'avez « point de mission du ciel. Vous êtes plutôt « les missionnaires du mensonge ; mais à « coup sûr, vous fûtes pétris du même li- « mon que le reste des mortels. Vous êtes « bien de la race et de la famille d'Adam. « Vous ne faites qu'un avec toutes les pas- « sions et tous les vices qui en sont insépa- « rables, tellement qu'il a fallu les déifier « avec vous. Vos temples et vos prêtres pro- « clament eux-mêmes votre origine. Votre « histoire est celle des inventeurs du despo- « tisme. Si vous exigeâtes de vos sujets le « culte et les honneurs qui ne sont dus qu'à « Dieu seul, vous fûtes inspirés par l'orgueil « naturel au rang suprême [1]. Et certaine-

---

1. Voici ce que dit Salomon sur le culte des idoles : » Le premier essai de former des idoles a été un commencement de prostitution ; et l'établissement de leur culte a été l'entière corruption de la vie humaine. Car les idoles n'ont point été dès le commencement et elles

« ment ce ne fut ni la liberté, ni la con-
« science qui vous obéirent d'abord, mais
« la bassesse, le besoin et l'amour du mer-
« veilleux, l'ignorance et la superstition ;
« voilà vos premiers adorateurs. »

Tel sera le jugement, le cri de la con-

ne seront point pour toujours. C'est la vanité des hommes qui les a introduites dans le monde ; c'est pourquoi on en verra bientôt la fin. Un père, affligé de la
mort précipitée de son fils, fit faire l'image de celui
qui lui avait été ravi si tôt. Il commença à adorer
comme dieu celui qui, comme homme, était mort un
peu auparavant, et il lui établit parmi ses serviteurs un
culte et des sacrifices. Cette coutume impie s'étant au-
torisée de plus en plus dans la suite du temps, l'erreur
fut observée comme une loi, et les idoles furent adorées par le commandement des princes. Les hommes
aussi, ne pouvant honorer ceux qui étaient bien loin
d'eux, firent apporter leur tableau du lieu où ils étaient,
et ils proposèrent devant tout le monde l'image du roi à
qui ils voulaient rendre honneur, pour révérer ainsi
comme présent, avec une soumission religieuse, celui
qui était éloigné. L'adresse admirable des sculpteurs
augmenta encore beaucoup ce culte dans l'esprit des
ignorants. Chacun d'eux voulant plaire à celui qui l'em-
ployait, épuisa tout son art pour faire une figure par-
faitement achevée, et le peuple ignorant, surpris par
la beauté de cet ouvrage, commença de prendre pour
un dieu celui qu'un peu de temps auparavant il avait
honoré comme un homme. »

(Sagesse, ch. XIV, v. 12 et suiv.)

science de quiconque interrogera les dieux ou les temples du paganisme.

Reconnaître la vérité est un don du Ciel et le caractère propre d'un excellent esprit; mais il n'est personne qui ne puisse rejeter tout de suite le mensonge. Ce qui est faux répugne, et se reconnaît à une simple vue.

Eh bien ! il s'élève constamment un flot sans cesse renaissant d'objections contre la vraie religion, soit. D'où vient qu'on n'en fait aucune contre les fausses? C'est que sans hésiter, tout le monde les croit fausses.

Jamais le paganisme fut-il accepté comme la vérité absolue par les sages de la Grèce? ni par Pythagore ou par Socrate, ni par Platon, ni par Anaxagore ou par Périclès.

Ces grands hommes se récréaient avec les récits du bon Homère, comme avec les riantes imaginations de la fable, mais ils ne les adoraient pas.

Au contraire, les plus grands esprits, depuis l'apparition du christianisme, ont eu la foi, et une foi vive, une foi pratique aux mystères et aux dogmes de l'Évangile, non-seulement Bossuet et Fénelon, dont c'était l'état de le prêcher, mais Descartes et Newton, Leibnitz et Pascal, Corneille et Racine, Charlemagne et Louis XIV. D'où vient cette singularité ? Qu'un symbole aussi mystérieux et obscur que le Symbole des Apôtres, ait été reçu avec un profond respect, par nos plus grands hommes, tandis que des théogonies puisées dans les lois de la nature et qui n'étaient, à vrai dire, que des explications systématiques du monde, n'ont pu parvenir à en imposer à aucun homme instruit ? Qu'est-ce qui a le plus médit de l'Olympe païen, sinon les païens ?

La raison en est bien naturelle ; derrière le voile de la mythologie, un sage aperçoit tout de suite la marche et les lois des sociétés naissantes, les illusions et les passions du cœur humain, les symboles et l'orgueil de la science.

La mythologie est la religion de la fantaisie. Les poëtes, en déifiant leurs rêves, suivirent la pente naturelle à notre esprit, qui exagère sa puissance, jusqu'à s'adorer lui-même, parce qu'il ignore ses limites.

Ici, tout est humain, tout crie en quelque sorte : « Je suis l'œuvre de la créature. » Cela saute aux yeux, tout est imparfait, in-

certain, incomplet, les contradictions four-
millent. Tout ce merveilleux de la fable
amuse l'imagination, mais ne satisfait pas la
raison.

Ce n'est point avec des métaphores ni avec
de la poésie qu'on explique Dieu, qu'on parle
de l'origine du monde et qu'on révèle les
lois de l'intelligence.

Le paganisme est l'œuvre de l'homme. On
peut lire ici notre imbécillité et notre cachet
qui sont écrits partout.

Que savent-ils de plus que les autres mortels, ces dieux si vantés, ces législateurs
grecs ou romains : ces Numa, ces Lycurgue,
ces prêtres de l'Inde ou de Memphis, ces
Confucius, ces Mahomet? Rien absolument.

Ils ont fait un vrai chaos de la morale;
mais en est-il un seul d'entre eux, qui ait
dit rien de neuf relativement à notre destinée à venir, à notre âme, à l'essence de Dieu
et à la création? Les théosophes ne nous ont
rien appris de ce qu'il nous importe de sa-
voir, et nous ne tenons d'eux aucune vérité
essentielle. La question religieuse n'est pas
même entamée par eux, tant leur théogonie
est embrouillée, confuse, obscure!

Il est une vérité primitive qui remonte au berceau de l'homme, qu'on retrouve chez tous les peuples, écrite par le doigt de Dieu dans notre âme : la loi naturelle, d'où dérive le devoir, la justice, l'existence de Dieu, la connaissance de ce que c'est que l'homme composé d'un esprit et d'un corps.

Une seule religion accepte pleinement la loi naturelle, une seule s'en approprie les principes, une seule en fait l'objet d'un enseignement perpétuel et public. Quelle est cette religion ! le christianisme.

La loi naturelle chez les païens, au contraire, était méconnue, défigurée, modifiée par l'égoïsme et dépendante de la politique. On la tolérait, mais on n'en reconnaissait point le caractère sacré. Cette loi n'avait ni temple, ni prêtres, ni d'autre asile que le langage, où Dieu la conservait par une sagesse de sa providence.

La mythologie est un temple consacré à la force, aux héros, à la science, aux bienfaits de la nature. Les sages n'y ont pas de place; en effet, les sages sont les ennemis naturels de cette idolâtrie qui divinise la matière.

Aussi, pénétrez dans les sanctuaires, vous

n'y trouvez ni l'ordre, ni l'harmonie, mais un vrai chaos, mille contradictions, la guerre entre les dieux, l'immobilité de la sculpture, la division et le déchirement de l'unité, le morcellement des attributs divins, altérés ou niés dans leur essence, les sophismes de l'ignorance et de la présomption, dès fêtes profanes, le triomphe de la débauche, l'impureté et l'abomination adorées, toutes les sortes de corruption gisant parmi d'épaisses ténèbres avec un bois pourri, l'idole et son prêtre. Est-ce là ce qui glorifie Dieu, ou ce qui le déshonore?

Sont-ce là des religions et des dieux à comparer au christianisme?

Pour moi, je dis non. J'appelle l'Olympe entier à mon tribunal. Je juge les dieux, mais je suis loin de me prosterner devant de vains simulacres. Les dieux, les législateurs de l'Inde et de la Chine, de Rome et d'Athènes, n'ont rien qui m'en impose. Non pas que je sois injuste à leur égard! non, je les apprécie parce que j'en sais la valeur. Sans doute les princes dont l'existence se fixa dans la mémoire, comme une image de l'ordre et de la puissance, comme un idéal de la force et de la beauté, de tels princes ne furent point des hommes ordinaires.

Mais il faut aussi calculer dans ces résultats l'ignorance de ces premiers âges du monde. Cette ignorance fut grande, puisque les vices furent divinisés avec les vertus, tant l'imagination joua le rôle principal dans cette séduction curieuse ! Ainsi la violence, la richesse, tous les signes et l'orgueil de la puissance, l'amour du plaisir, la volupté sans frein, l'abus de la force, sont les traits saillants de la biographie des dieux, tels que la fable et les poëtes les présentent, et nous en font un naïf récit.

Je ne vois dans Lycurgue, Numa, Confucius et Mahomet, que des législateurs, qui ayant le premier rôle dans l'Etat, ont cherché la meilleure solution du problême social ; mais je ne vois rien là qui décèle la divinité ; eux mêmes n'ont pas élevé leurs prétentions si haut.

Il est évident que la postérité seule a divinisé les premiers despotes, les héros, les princes des nations et les instituteurs des premières républiques. Pour moi je reconnais les dieux et ces grands hommes, pour des êtres de la même nature que moi. Leur intelligence après tout, ne se distingue de la mienne que d'une certaine façon. Ils on primé, rempli un grand rôle dans leur temps, comme j'ai fait moi-même. Rien chez eux n'annonce des êtres divins : au contraire, je vois de nombreux rapports entre eux et moi, je constate des ressemblances, des faiblesses et des erreurs communes qui les rapprochent de moi et de l'humanité. Leurs facultés sont celles que je possède moi-même ; il n'y a de différence que dans l'usage que nous en avons fait, eux et moi, selon le but différent que nous nous sommes proposé, et selon le pays et les circonstances...

Il n'en est pas de même du Christ. Tout de lui m'étonne ; son esprit me dépasse et sa volonté me confond. Entre lui et quoi que ce soit au monde, il n'y a pas de terme possible de comparaison. Il est vraiment un être à part : ses idées et ses sentiments, la vérité qu'il annonce, sa manière de convaincre, ne s'expliquent ni par l'organisation humaine, ni par la nature des choses.

Sa naissance et l'histoire de sa vie, la profondeur de son dogme qui atteint vraiment la cime des difficultés, et qui en est la plus admirable solution, son Evangile, la singularité de cet être mystérieux, son apparition, son empire, sa marche à travers les siècles et les royaumes, tout est pour moi un prodige, je ne sais quel mystère insondable... qui me plonge dans une rêverie dont je ne puis sortir, mystère qui est là sous mes yeux, mystère permanent que je ne peux nier, et que je ne puis expliquer non plus.

Ici je ne vois rien de l'homme.

Plus j'approche, plus j'examine de près, tout est au dessus de moi, tout demeure grand d'une grandeur qui écrase, et j'ai beau réfléchir, je ne me rends compte de rien...

Sa religion est un secret à lui seul et provient d'une intelligence qui, certainement, n'est pas l'intelligence de l'homme. Il y a là une originalité profonde qui crée une série de mots et de maximes inconnues. Jésus n'emprunte rien à aucune de nos sciences. On ne trouve absolument qu'en lui seul l'imitation ou l'exemple de sa vie. Ce n'est pas non plus un philosophe, puisqu'il procède par des miracles, et dès le commencement ses disciples sont ses adorateurs. Il les persuade bien plus par un appel au sentiment, que par un déploiement fastueux de méthode et de logique ; aussi ne leur impose-t-il ni des études préliminaires, ni la connaissance des lettres. Toute sa religion consiste à croire.

En effet, les sciences et la philosophie ne servent de rien pour le salut, et Jésus ne vient dans le monde que pour révéler les secrets du Ciel et les lois de l'esprit.

Aussi n'a-t-il affaire qu'à l'âme, il ne s'entretient qu'avec elle, et c'est à elle seule qu'il apporte son Évangile.

L'âme lui suffit comme il suffit à l'âme : Jusqu'à lui, l'âme n'était rien ; la matière et le temps étaient les maîtres du monde. A sa voix, tout est rentré dans l'ordre. La science et la philosophie ne sont plus qu'un travail secondaire. L'âme a reconquis sa souveraineté. Tout l'échafaudage scolastique, tombe comme un édifice ruiné par un seul mot : LA FOI.

Quel maître, quelle parole qui opère une telle révolution ! avec quelle autorité il enseigne aux hommes la prière ! il impose ses croyances ! et nul ici ne peut contredire, d'abord parce que l'Evangile contient la morale la plus pure, et ensuite parce que le dogme dans ce qu'il contient d'obscur, n'est autre chose que la proclamation et la vérité de ce qui existe, là où nul œil ne peut voir, et où nul raisonnement ne peut atteindre.

Quel est l'insensé qui dira : Non, au voyageur intrépide qui raconte les merveilles des pics glacés, que lui seul a eu l'audace de visiter.

Le Christ est ce hardi voyageur. On peut demeurer incrédule, sans doute ; mais on ne peut pas dire : *Cela n'est pas.*

D'ailleurs, consultez les philosophes sur ces questions mystérieuses qui sont l'essence de l'homme, et aussi l'essence de la religion ; quelle est leur réponse, quel est l'homme de bon sens qui a jamais rien compris aux systèmes de la métaphysique ancienne ou moderne qui ne sont vraiment qu'une vaine et pompeuse idéologie, sans aucun rapport avec notre vie domestique, avec nos passions. Sans doute, à force de réfléchir, on parvient à saisir la clef de la philosophie de de Socrate et de Platon ; mais il faut être métaphysicien, et il faut de plus, avec des années d'étude, une aptitude spéciale. Mais le bon sens tout seul, le cœur, un esprit droit suffisent pour comprendre le Christianisme.

La religion chrétienne n'est pas de l'idéologie **ni** de la métaphysique, mais une règle pratique qui dirige les actions de l'homme, qui le corrige, le conseille et l'assiste dans toute sa conduite. La Bible offre une série complète de faits et d'hommes historiques, pour expliquer le temps et l'éternité, telle qu'aucune autre religion n'est à même d'en offrir; si ce n'est pas la vraie religion, on est excusable de s'y tromper; car tout cela est grand et digne de Dieu.

Je cherche en vain dans l'histoire pour y trouver le semblable de Jésus-Christ, ou quoi que ce soit qui approche de l'Évangile. Ni l'histoire, ni l'humanité, ni les siècles, ni la nature ne m'offrent rien avec quoi je puisse le comparer ou l'expliquer. Ici tout est extraordinaire, plus je le considère, plus je m'assure qu'il n'y a rien là qui ne soit en dehors de la marche des choses et au dessus de l'esprit humain.

Les impies eux-mêmes n'ont jamais osé nier la sublimité de l'Évangile qui leur inspire une sorte de vénération forcée! Quel bonheur ce livre procure à ceux qui y croient! que de merveilles y admirent ceux qui l'ont médité !

Tous les mots y sont scellés et solidaires l'un de l'autre, comme les pierres d'un même édifice. L'esprit qui lie les mots entre eux est un ciment divin, qui tour à tour en découvre le sens ou le cache à l'esprit. Chaque phrase a un sens complet, qui retrace la perfection de l'unité et la profondeur de l'ensemble; livre unique où l'esprit trouve une beauté morale inconnue jusque-là, et une idée de l'infini supérieure à celle même que suggère la création! Quel autre que Dieu pouvait produire ce type, cet idéal de perfection, également exclusif et original, où personne ne peut ni critiquer, ni ajouter, ni retrancher un seul mot, livre différent de tout ce qui existe, absolument neuf, sans rien qui le précède et sans rien qui le suive [1].

1. Napoléon, étant jeune, avait lu Rousseau, dont il faisait alors un grand cas; ensuite il répudia les sophismes et l'idéologie de l'auteur paradoxal du Contrat social; mais il dut relire souvent le passage suivant, qui contient un éloge de l'Évangile, d'autant plus curieux qu'il est arraché à l'écrivain qui cède à l'évidence plutôt qu'à la foi. « J'avoue que la majesté des

Vous parlez de Confucius, de Zoroastre, de Numa, de Jupiter et de Mahomet; mais il y a entre eux et le Christ cette différence que de même que tout ce qu'il a fait est d'un Dieu, il n'est rien chez eux, au contraire, qui ne soit d'un homme. L'action de ces mor-

Écritures m'étonne : la sainteté de l'Évangile parle à mon cœur. Voyez les livres des philosophes, avec toute leur pompe, qu'ils sont petits près de celui-là! Se peut-il qu'un livre à la fois si sublime et si simple soit l'ouvrage des hommes? Est-ce là le ton d'un enthousiaste ou d'un ambitieux sectaire? Quelle douceur! Quelle pureté dans ses mœurs! Quelle grâce touchante dans ses instructions! Quelle élévation dans ses maximes! Quelle profonde sagesse dans ses discours! Quelle présence d'esprit! Quelle finesse et quelle justesse dans ses réponses! Quel empire sur ses passions! Où est l'homme, où est le sage, qui sait agir, souffrir et mourir sans faiblesse et sans ostentation? Quand Platon peint son juste imaginaire, couvert de tout l'opprobre du crime et digne de tout le prix de la vertu, il peint trait pour trait Jésus-Christ. La ressemblance est si frappante que tous les pères de l'Église l'ont sentie, et qu'il n'est pas possible de s'y tromper... Quels préjugés, quel aveuglement ne faut-il point avoir pour oser comparer le fils de Sophronisque au fils de Marie! Quelle distance de l'un à l'autre! Socrate mourant sans douleur, sans ignominie, soutint aisément jusqu'au bout son personnage, et si cette facile mort n'eût honoré sa vie, on douterait si Socrate, avec tout son esprit, fût autre chose qu'un sophiste! Mais, où Jésus avait-il pris

tels fut bornée à eur vie, et ce fut de leur vivant qu'ils établirent leur culte à l'aide des passions, avec la force et à la faveur des événements politiques.

Le Christ attend tout de sa mort; est-ce là parmi les siens cette morale élevée et pure, dont lui seul a donné les leçons et l'exemple? Du sein du plus furieux fanatisme, la plus haute sagesse se fit entendre, et la simplicité des plus héroïques vertus honora un peuple tout matériel. La mort de Socrate philosophant tranquillement avec ses amis est la plus douce qu'on puisse désirer. Celle de Jésus expirant dans les tourments, injurié, raillé, maudit de tout un peuple, est la plus horrible qu'on puisse craindre. Socrate prenant la coupe empoisonnée bénit celui qui la lui présente et qui pleure. Jésus au milieu d'un supplice affreux, prie pour ses bourreaux acharnés. Oui, si la vie et la mort de Socrate sont d'un sage, la vie et la mort de Jésus sont d'un Dieu. Dirons-nous que l'histoire de l'Évangile est inventée à plaisir? Non, ce n'est pas ainsi que l'on invente, et les faits de Socrate, dont personne ne doute, sont moins attestés que ceux de Jésus-Christ. Au fond, c'est reculer la difficulté sans la détruire. Il serait plus inconcevable que plusieurs hommes d'accord eussent fabriqué ce livre, qu'il ne l'est qu'un seul en ait fourni le sujet. Jamais des auteurs juifs n'eussent trouvé ni ce ton, ni cette morale, et l'Évangile a des caractères de vérité si grands, si frappants, si parfaitemet inimitables, que l'inventeur en serait plus étonnant que le héros.

3.

l'invention d'un homme? Non; c'est au contraire une marche étrange, une confiance surhumaine, une réalité inexplicable! N'ayant encore que quelques disciples idiots, le Christ est condamné à mort; il meurt, objet de la colère des prêtres juifs et du mépris de sa nation, abandonné et contredit par les siens. Et comment pouvait-il en être autrement de celui qui avait annoncé par avance ce qui allait lui arriver :

« On va me prendre, on me crucifiera (di« sait-il), je serai abandonné de tout le « monde, mon premier disciple me reniera « au commencement de mon supplice; je « laisserai faire les méchants; mais ensuite, « la justice divine étant satisfaite, le péché « originel étant expié par mon supplice, le « lien de l'homme avec Dieu sera renoué, « et ma mort sera la vie de mes disciples. « Alors ils seront plus forts sans moi qu'a« vec moi, car ils me verront ressusciter; « je monterai au ciel et je leur enverrai du « ciel un Esprit qui les instruira; l'esprit « de la croix leur fera concevoir mon Evan« gile; enfin ils y croiront, ils le prêche-

« ront, ils le persuaderont à l'univers tout
entier. »

Et cette folle promesse, si bien appelée
par saint Paul *la folie de la croix*, cette pré-
diction d'un misérable crucifié s'est accom-
plie littéralement... Et le mode de l'accom-
plissement est peut-être plus prodigieux que
la promesse.

Ce n'est ni un jour, ni une bataille qui en
ont décidé; est-ce la vie d'un homme? Non.
C'est une guerre, un long combat de trois
cents ans, commencé par les apôtres et en-
tretenu par leurs successeurs, et par le flot
successif des générations chrétiennes. Depuis
saint Pierre, les trente-deux évêques de Rome
qui ont succédé à sa primauté ont été comme
lui martyrisés. Ainsi trois siècles durant, la
chaire romaine fut un échafaud, qui procu-
rait infailliblement la mort à celui qui y était
appelé. Et rarement les autres évêques, pendant cette période de trois cents ans, eurent
une destinée meilleure.

Dans cette guerre, tous les rois et toutes
les forces de la terre se trouvent d'un côté,
et de l'autre je ne vois pas d'armée, mais
une énergie mystérieuse, quelques hommes

disséminés çà et là, dans toutes les parties du globe, n'ayant d'autre signe de rallie-ment qu'une foi commune dans le mystère de la Croix.

Quel étrange symbole ! l'instrument du supplice de l'Homme-Dieu, ses disciples en sont armés. Ils portent la croix dans l'univers avec leur conviction, flamme ardente qui se propage de proche en proche : « Le « Christ, Dieu, disent-ils, est mort pour le salut des hommes. » Quelle lutte, quelle tempête soulèvent ces simples paroles autour de l'humble étendard du supplice de l'Homme-Dieu.

Que de sang versé des deux parts ! quel acharnement ! Mais ici, là colère et toutes les fureurs de la haine et de la violence. Là, la douceur, le courage moral, une résignation infinie. Pendant trois cents ans, la pensée lutte contre la brutalité des sensations, la conscience contre le despotisme, l'âme contre le corps, la vertu contre tous les vices. Le sang des chrétiens coule à flots. Ils meurent en baisant la main de celui qui les tue. L'âme seule proteste, pendant que le corps se livre à toutes les tortures. Partout les chrétiens succombent, et partout ce sont eux qui triomphent [1].

Vous parlez de César et d'Alexandre, de leurs conquêtes, et de l'enthousiasme qu'ils surent allumer dans le cœur du soldat pour l'entraîner avec eux dans les expéditions aventureuses; mais il faut voir là le prix de l'amour du soldat, l'ascendant du génie et de la victoire, l'effet naturel de la discipline militaire, et le résultat d'un commandement habile et légitime. Mais combien d'années l'empire de César a-t-il duré? Combien de temps l'enthousiasme des soldats pour Alexandre s'est-il soutenu? Ils ont joui de

1. Écoutons Rousseau exprimant les mêmes idées, avec son style si remarquable : « Après la mort de Jésus-Christ, douze pauvres pêcheurs entreprennent d'instruire et de convertir le monde; leur méthode était simple; ils prêchaient sans art, mais avec un cœur pénétré; et de tous les miracles dont Dieu honorait leur foi, le plus frappant était la sainteté de leur vie; leurs disciples suivirent cet exemple et le succès fut prodigieux. Les prêtres païens, alarmés, firent entendre aux princes que l'état était perdu, parce que les offrandes diminuaient. Les persécutions s'élevèrent et ne firent qu'accélérer le progrès de cette religion, qu'ils voulaient étouffer. Tous les chrétiens couraient au martyre, tous les peuples couraient au baptême; l'histoire de ces premiers temps est un prodige continuel. »

ces hommages, un jour, une heure, le temps de leur commandement et au plus de leur vie, selon les caprices du nombre et du hasard, selon les calculs de la stratégie, enfin selon les chances de la guerre... Et si la victoire infidèle les eût quittés, doutez-vous que l'enthousiasme n'eût aussitôt cessé? Je vous le demande, l'influence militaire de César et d'Alexandre, a-t-elle fini avec leur vie? s'est-elle prolongée au delà du tombeau?

Concevez-vous un mort, faisant des conquêtes avec une armée fidèle et toute dévouée à sa mémoire? Concevez-vous un fantôme qui a des soldats sans solde, sans espérance pour ce monde-ci, et qui leur inspire la persévérance et le support de tous les genres de privations; hélas! le corps de Turenne était encore tout chaud, que son armée décampait devant Montécuculli. Et moi, mes armées m'oublient tout vivant, comme l'armée carthaginoise fit d'Annibal. Voilà notre pouvoir à nous autres grands hommes! une seule bataille perdue nous abat, et l'adversité nous enlève nos amis. Que de Judas j'ai vu autour de moi! Ah! si je n'ai pu persuader ces grands politiques, ces généraux qui m'ont trahi, s'ils ont méconnu mon nom et nié les miracles d'un amour vrai de la patrie et de la fidélité quand même... à leur souverain.... Si moi, qui les avais si souvent menés à la victoire, je n'ai pu, vivant, réchauffer ces cœurs égoïstes, par où donc, étant glacé moi-même par la mort, parviendrais-je à entretenir, à réveiller leur zèle!

Concevez-vous César, empereur éternel du sénat romain, et du fond de son mausolée, gouvernant l'empire, veillant sur les destins de Rome; telle est l'histoire de l'envahissement et de la conquête du monde par le Christianisme; voilà le pouvoir du Dieu des chrétiens et le perpétuel miracle du progrès de la foi et du gouvernement de son Eglise. Les peuples passent, les trônes croulent, et l'Eglise demeure! Quelle est donc la force qui fait tenir debout cette Eglise assaillie par l'océan furieux de la colère et du mépris du siècle? quel est le bras, depuis dix-huit cents ans, qui l'a préservée de tant d'orages qui ont menacé de l'engloutir?

Dans toute autre existence que celle du Christ, que d'imperfections, que de vicissitudes ; quel est le caractère qui ne fléchisse abattu par de certains obstacles ! quel est l'individu qui ne soit modifié par les événements ou par les lieux, qui ne subisse l'influence du temps, et qui ne transige avec les mœurs et les passions, avec quelque nécessité qui le surmonte !

Je défie de citer aucune existence comme celle du Christ, exempte de la moindre altération de ce genre, qui soit pure de ces souillures et de ces vicissitudes.

Depuis le premier jour jusqu'au dernier, il est le même, toujours le même, majestueux et simple, infiniment sévère et infiniment doux ; dans un commerce de vie pour ainsi dire public, Jésus ne donne jamais de prise à la moindre critique ; sa conduite si prudente ravit l'admiration par un mélange de force et de douceur. Qu'il parle ou qu'il agisse, Jésus est lumineux, immuable, impassible. Le sublime, dit-on, est un trait de la Divinité : quel nom donner à celui qui réunit en soi tous les traits du sublime ?

Le mahométisme, les cérémonies de Numa, les institutions de Lycurgue, le polythéisme et la loi mosaïque même sont bien plus des œuvres de législation que des religions.

En effet, chacun de ces cultes se rapporte plus à la terre qu'au ciel. Il s'agit là surtout d'un peuple et des intérêts d'une nation. Et n'est-il pas évident que la vraie religion ne saurait être circonscrite à un seul pays? La vérité doit embrasser l'univers. Tel est le Christianisme, la seule religion qui détruise la nationalité, la seule qui proclame l'unité et la fraternité absolue de l'espèce humaine, la seule qui soit purement spirituelle, enfin la seule qui assigne à tous, sans distinction, pour vraie patrie, le sein d'un Dieu créateur.

Le Christ prouve qu'il est le fils de l'Eternel, par son mépris du temps; tous ses dogmes signifient une seule et même chose : « l'éternité. »

Aussi comme l'horizon de son empire s'étend, et se prolonge infiniment! Le Christ règne par delà la vie et par delà la mort! le passé et l'avenir sont également à lui; le royaume de la vérité n'a et ne peut avoir en effet d'autre limite que le mensonge. Tel est le royaume de l'Evangile, qui embrasse tous les lieux et tous les peuples. Jésus s'est emparé du genre humain : il en fait une seule nation, la nation des honnêtes gens, qu'il appelle à une vie parfaite. Les ennemis du Christ, relèvent de lui comme ses amis par le jugement qu'il exercera sur tous, le jour du jugement.

Mahomet sans doute proclame l'unité de Dieu : cette vérité est l'essence et le dogme principal de sa religion. Je le reconnais; mais tout le monde sait qu'il ne l'affirme que d'après Moïse et la tradition juive. L'esprit de Mahomet ou plutôt son imagination a fait tous les frais de tous les autres dogmes de l'Alcoran, livre plein de confusion et d'obscurité, d'un novateur passionné qui se tourmente pour résoudre avec le génie, des questions qui sont plus hautes que le génie; et il n'aboutit vraiment qu'à des turpitudes! Tant il est vrai qu'il n'est donné à personne, même à un grand homme, de rien dire de satisfaisant sur Dieu, le paradis et la vie future, si Dieu ne l'en instruit lui-même préalablement!

Aussi Mahomet n'est vrai qu'autant qu'il

s'appuie sur la Bible et sur le sentiment inné de la croyance en Dieu.

Pour tout le reste, l'Alcoran n'est vraiment qu'un système hardi de domination et d'envahissement politique.

Partout l'homme ambitieux se montre à découvert dans Mahomet. Vil flatteur de toutes les passions les plus chères au cœur de l'homme ! comme il caresse la chair ! quelle large part il fait à la sensualité !

Est-ce vers la vérité de Dieu qu'il veut entraîner l'Arabe, ou vers la séduction de toutes les jouissances permises dans cette vie et promises comme l'espoir et la récompense de l'autre.

Il fallait enlever un peuple; l'appel aux passions fut nécessaire, à la bonne heure ! il a réussi : mais la cause de son triomphe sera la cause de sa ruine. Tôt ou tard le croissant disparaîtra de la scène du monde, et la croix y demeurera !

Le sensualisme tue en définitive les nations, aussi bien que les individus, qui ont la folie d'en faire la base de leur existence !

De plus, ce faux prophète s'adresse à une seule nation, et il a senti le besoin de jouer

deux rôles, le rôle politique et le rôle religieux. Il a effectivement conquis et possédé
toute la puissance du premier. Pour le second, s'il en a eu le prestige, il n'en a pas
eu la réalité. Jamais il n'a donné de preuves
de la divinité de sa mission. Une ou deux
fois, il veut s'étayer d'un miracle, et il échoue
honteusement. Personne ne croit à ses miracles, parce que Mahomet n'y croyait pas
lui-même ; ce qui prouve qu'il n'est pas aussi
aisé qu'on se l'imagine, d'en imposer sous
ce rapport.

Si le titre d'imposteur s'accole facilement
au nom de Mahomet, il répugne tellement
avec celui du Christ, que je ne crois pas
qu'aucun ennemi du Christianisme, ait jamais
osé l'en flétrir !

Et cependant il n'y a pas de milieu, le
Christ est un imposteur, ou il est Dieu.

Le Christ n'a point d'ambition terrestre, il
est exclusivement à sa mission céleste. Il lui
était facile d'exercer une grande séduction,
et d'avoir de la puissance, en devenant un
homme politique. Tout s'y prêtait et allait au
devant de lui, s'il ieût voulu !

Les Juifs attendaient un messie temporel,

qui devrait subjuguer leurs ennemis; un roi dont le sceptre rangerait le monde entier sous leur domination. Certes, il y avait là une tentation difficile à surmonter, et l'élément naturel d'une grande usurpation. Jésus est le premier qui ose attaquer publiquement l'interprétation erronée des Ecritures. Il s'attache à démontrer que ces victoires et ces conquêtes du Christ sont des victoires spirituelles, qu'il s'agit de la répression des vices, de l'assujettissement des passions, et de l'envahissement pacifique des âmes; et si les Ecritures annoncent la soumission éclatante de l'univers, cette soumission absolue regarde le second avénement qui arrivera à la fin du monde.

Jésus prend un soin tout particulier d'inculquer cette explication toute spirituelle à ses disciples. On veut, dans plusieurs occasions, se saisir de lui pour le faire roi; il écarte de son front la couronne, il n'en veut pas : il en veut une autre, que la Vierge, sa mère lui a préparée : il la ceindra le jour de son grand sacrifice.

Jésus ne pactise pas davantage avec les autres faiblesses humaines. Les sens, ces ty-

'rans de l'homme, sont traités par lui, en esclaves faits pour obéir et non pour commander. Les vices sont les objets de sa haine implacable. Il mortifie les passions, qui sont l'élément naturel des grands succès. Il parle en maître à la nature humaine dégradée, en maître courroucé qui exige une expiation. Sa parole, toute austère qu'elle est, s'insinue dans l'âme comme un air subtil et pur; la conscience en est pénétrée et silencieusement persuadée.

Jésus met de côté la politique, qui est chose superflue pour de vrais chrétiens, qui adorent le dogme de la fraternité divine.

Certes, voilà un homme à part, voilà un pontife, et une religion qui se sépare vraiment de toutes les autres religions; et celui-là est un menteur, qui dit qu'il y a nulle part quelque chose qui ressemble à cela.

Il est vrai que le Christ propose à notre foi une série de mystères. Il commande avec autorité d'y croire sans donner d'autre raison que cette parole épouvantable : *Je suis Dieu*.

Il le déclare! quel abîme il creuse par cette déclaration, entre lui et tous les faiseurs de religion. Quelle audace, quel sacrilége, quel blasphème, si ce n'était vrai! Je dis plus : le triomphe universel d'une affirmation de ce genre, si ce triomphe n'était bien réellement celui de Dieu même, serait une excuse plausible, et la preuve de l'athéisme.

D'ailleurs, en proposant des mystères, le Christ est conséquent avec la nature des choses qui est profondément mystérieuse. D'où viens-je, où vais-je, que suis-je? La vie humaine est un mystère dans son origine, dans son organisation et dans sa fin. Dans l'homme et hors de l'homme, dans la nature, tout est mystère, et l'on voudrait que la religion ne fût pas mystérieuse. La création et la destinée du monde sont un abîme impénétrable, aussi bien que la destinée et la création d'un seul individu. Le Christianisme du moins n'élude pas ces grandes questions; il les attaque en face, et nos dogmes en sont une solution pour celui qui croit. Les païens ne niaient pas que la nature des choses ne fût mystérieuse; chez eux, le mystère était partout : ils en avaient de toutes les sortes, mystères d'Isis, mystères des bacchanales, mystères de sagesse et d'infamie. C'est ici qu'à bon droit l'on peut se révolter de la nuit impure et profonde qui enveloppe le sanctuaire.

Quel amalgame hétérogène de principes contradictoires que la théogonie chaldéenne, grecque et égyptienne! quel océan d'idées mal digérées, unies sans liaison, sans hiérarchie! quel mélange du sublime et de l'absurde! du sacré et du profane! Ce qui est le moins obscur, se rapporte évidemment à l'origine des sociétés, à leur histoire, et surtout à celle des premiers princes, tandis que le dogme rappelle les mêmes croyances ou plutot les mêmes erreurs d'une tradition perdue! et le sanctuaire païen est vraiment le réceptable ténébreux des lueurs fausses des sens, le rendez-vous impur des mille bizarreries de l'imagination et l'asile consacré de toutes les folies du cœur, et de toutes les aberrations des siècles.

De tels temples, de tels prêtres, peuvent-ils être les temples et les prêtres de la vérité? Qui oserait le soutenir? Non, jamais les païens eux-mêmes ne l'ont cru sérieusement.

Le Christianisme seul a affiché dès sa naissance cette prétention, et seul il \en\a\le droit, parce que son dogme est conséquent, et d'accord avec cette prétention. Le polythéisme en eut le pressentiment, quand il attaqua le Christianisme avec tant de fureur. La voix du Christianisme fut entendue comme un cri puissant de la science, qui venait réveiller la conscience. Aussitôt l'idolâtrie se sentit attaquée dans sa base, et n'ayant rien à opposer à l'attaque de ce cri généreux : l'idolâtrie menacée dans son existence, répondit par un cri de rage. Cette rage n'était pas de la conviction, mais le désespoir de ceux qui allaient cesser de vivre, parce que leur vie était liée à celle de leur idole.

Telle est la faiblesse du mensonge, qui de soi n'a rien de fixe. Comment sur la tige mouvante de l'erreur, germerait-il une croyance, une conviction? Non, les païens ne croyaient pas au paganisme; et de nos jours un hérétique n'a et ne peut avoir qu'une fausse confiance dans les erreurs qui le séparent du catholique : mais il croit en toute assurance les articles communs aux deux communions; et c'est la croyance commune qui explique la durée des hérésies. On ne peut expliquer le succès de Luther et de Calvin que par les passions des hommes, et par le secours qu'ils reçurent de la politique des princes et des grands qui se servirent de l'hérésie comme d'une arme contre le pouvoir royal et contre l'autorité ecclésiastique? Mais comment un homme de bon sens peut-il demeurer protestant dans ces temps-ci? Aussi le protestantisme existe plutôt par ses conquêtes passées que par sa force présente.

Quelle est la religion qui soit absolue, qui éclaire, dirige et tranquillise la conscience comme la foi chrétienne? Les fausses religions laissent l'esprit comme un vaisseau sans pilote, errer à l'aventure. Le protestantisme lui-même montre bien sa triste origine par l'abandon qu'il fait du gouvernement de l'âme.

Et je conçois que Luther et Calvin aient eu peur de ce fardeau. Oui, je conçois qu'un homme recule toujours devant la direction des consciences. Dieu seul a pu s'en saisir comme d'un sceptre qui lui appartient à lui seul?

Toutes les religions, hormis la religion

chrétienne, rejettent l'âme dans le commerce de la vie commune,

Confucius propose aux Chinois l'agriculture, Lycurgue et Numa crurent contenir leurs concitoyens par le sage équilibre des lois et par l'harmonie d'une société bien réglée, Mahomet poussa ses disciples à la conquête du monde par le sabre. Tous précipitèrent l'homme vers les choses extérieures. A la bonne heure! Mais quel rapport existe-t-il, entre cette activité et le sentiment religieux? Je vois là des citoyens, une nation, un législateur, un conquérant, mais nulle part un pontife

Et quel autre que Dieu pouvait affirmer, avec cette certitude absolue capable de tranquilliser la conscience, des vérités telles que l'existence de Dieu, l'immortalité de l'âme, la croyance à l'enfer, au paradis, ces dogmes enfin qui sont les prémices et la base de toutes les religions. Quand le Christ les énonce comme l'essence de sa doctrine, il le fait avec tout ce qu'il y a d'imposant et d'absolu dans son caractère *de fils de Dieu.*

Sans doute il faut la foi pour cet article là, qui est celui duquel dérive tous les autres articles ; mais le caractère de la divinité du Christ une fois admis, la doctrine chrétienne se présente avec la précision et la clarté de l'algèbre : il faut y admirer l'enchaînement et l'unité d'une science.

Appuyée sur la Bible, cette doctrine explique le mieux les traditions du monde; elle les éclaircit, et les autres dogmes s'y rapportent étroitement, comme les anneaux scellés d'une même chaîne. L'existence du Christ, d'un bout à l'autre, est un tissu tout mystérieux, j'en conviens; mais ce mystère répond à des difficultés qui sont dans toutes les existences. Rejettez-le, le monde est une énigme; acceptez-le, vous avez une admirable solution de l'histoire de l'homme.

Le Christianisme a un avantage sur tous les philosophes et sur toutes les religions : les chrétiens ne se font pas illusion sur la nature des choses. On ne peut leur reprocher ni la subtilité ni le charlatanisme des idéologues, qui ont cru résoudre la grande énigme des questions théologiques avec de vaines dissertations sur ces grands objets. Insensés dont la folie ressemble à celle d'un petit enfant qui veut toucher le ciel avec sa main ou qui demande la lune pour son jouet.ou sa curiosité. Le Christianisme dit avec simplicité : « Nul homme n'a vu Dieu, si ce n'est « Dieu. Dieu a révélé ce qu'il était. Sa révé- « lation est un mystère que la raison ni l'es- « prit ne peuvent concevoir; mais, puisque « Dieu a parlé, il faut y croire. » Cela est d'un grand bon sens.

L'Evangile possède une vertu secrète, je ne sais quoi d'efficace, une chaleur qui agit sur l'entendement et qui charme le cœur; on éprouve, à le méditer, ce qu'on éprouve à contempler le ciel. L'Evangile n'est pas un livre; c'est un être vivant, avec une action, une puissance qui envahit tout ce qui s'oppose à son extension. Le voici sur cette table, ce livre par excellence (et ici l'empereur le toucha avec respect); je ne me lasse pas de le lire, et tous les jours avec le même plaisir.

Le Christ ne varie pas, il n'hésite jamais dans son enseignement, et la moindre affirmation de lui est marquée d'un cachet de simplicité et de profondeur qui captive l'ignorant et le savant, pour peu qu'ils y prêtent leur attention.

Nulle part on ne trouve cette série de belles idées, de belles maximes morales, qui défilent comme les bataillons de la milice céleste, et qui produisent dans notre âme le même sentiment que l'on éprouve à considérer l'étendue infinie du ciel resplendissant, par une belle nuit d'été, de tout l'éclat des astres.

Non-seulement notre esprit est préoccupé, mais il est dominé par cette lecture, et jamais l'âme ne court risque de s'égarer avec ce livre. Une fois maître de notre esprit, l'Evangile fidèle nous aime. Dieu même est notre ami, notre père et vraiment notre Dieu. Une mère n'a pas plus de soin de l'enfant qu'elle allaite. L'âme séduite par la beauté de l'Evangile ne s'appartient plus; Dieu s'en empare tout à fait, il en dirige les pensées et toutes les facultés, elle est à lui.

Quelle preuve de la divinité du Christ! Avec un empire aussi absolu, il n'a qu'un seul but, l'amélioration spirituelle des individus, la pureté de la conscience, l'union à ce qui est vrai, la sainteté de l'âme. Voilà vraiment une religion, et je reconnais là un pontife.

Et ce qui ravit la conviction, ce sont tous les avantages et le bonheur qui résultent d'une telle croyance. L'homme qui croit est heureux ! Ah ! vous ignorez ce que c'est que croire ! Croire, c'est voir Dieu, parce qu'on a les yeux fixés sur lui. Heureux celui qui croit ! ne croit pas qui veut ! Tel est le Christianisme, qui satisfait complétement la raison de ceux qui en ont une fois admis le principe, qui s'explique lui-même par une révélation d'en haut, et qui explique ensuite naturellement mille difficultés qui n'ont de solution possible que par la foi.

Enfin, et c'est mon dernier argument, il n'y a pas de Dieu dans le ciel, si un homme a pu concevoir et exécuter, avec un plein succès, le dessein gigantesque de dérober pour lui le culte suprême en usurpant le nom de Dieu. Jésus est le seul qui l'ait osé ; il est le seul qui ait dit clairement, affirmé imperturbablement lui-même de lui-même : *Je suis Dieu*; ce qui est bien différent de cette affirmation : *Je suis un Dieu*, ou de cette autre : *Il y a des Dieux*. L'histoire ne mentionne aucun autre individu qui se soit qualifié lui-même de ce titre de Dieu dans le sens absolu. La fable n'établit nulle part que Jupiter et les autres dieux, se soient eux-mêmes divinisés. C'eût été de leur part le comble de l'orgueil, et une monstruosité, une extravagance absurde. C'est la postérité, ce sont les héritiers des premiers despotes qui les ont déifiés. Tous les hommes étant d'une même race, Alexandre a pu se dire le fils de Jupiter, mais toute la Grèce a souri de cette supercherie; et de même l'apothéose des empereurs romains n'a jamais été une chose sérieuse pour les Romains. Mahomet et Confucius se sont donnés simplement pour des agents de la divinité. La déesse Égérie de Numa n'a jamais été que la personnification d'une inspiration puisée dans la solitude des bois. Les dieux Brahma de l'Inde sont une invention psychologique.

Comment donc un juif, dont l'existence historique est plus avérée que toutes celles des temps où il a vécu, lui seul, fils d'un charpentier, se donne-t-il tout d'abord pour Dieu même, pour l'être par excellence, pour le créateur de tous les êtres? Il s'arroge toutes les sortes d'adorations. Il bâtit son culte de ses mains, non avec des pierres, mais avec des hommes. On s'extasie sur les conquêtes d'Alexandre? eh bien! voici un conquérant qui confisque à son profit, qui unit, qui incorpore à lui-même, non pas une nation, mais l'espèce humaine. Quel miracle! l'âme humaine avec toutes ses facultés, devient une annexe de l'existence du Christ.

Et comment? par un prodige qui surpasse tout prodige. Il veut l'amour des hommes, c'est-à-dire ce qu'il est le plus difficile au monde d'obtenir : ce qu'un sage demande vainement à quelques amis, un père à ses enfants, une épouse à son époux, un frère à son frère, en un mot, le cœur : c'est là ce qu'il veut pour lui, il l'exige absolument, et il y réussit tout de suite. J'en conclus sa divinité. Alexandre, César, Annibal, Louis XIV, avec tout leur génie, y ont échoué. Ils ont conquis le monde et ils n'ont pu parvenir à avoir un ami. Je suis peut-être le seul de nos jours qui aime Annibal, César, Alexandre... Le grand Louis XIV, qui a jeté tant d'éclat sur la France et dans le monde, n'avait pas un ami dans tout son royaume, même dans sa famille. Il est vrai, nous aimons nos enfants, pourquoi? Nous obéissons à un instinct de la nature, à une volonté de Dieu, à une nécessité que les bêtes elles-mêmes reconnaissent et remplissent ; mais combien d'enfants qui restent insensibles à nos caresses, à tant de soins que nous leur prodiguons, combien d'enfants ingrats ? Vos enfants, général Bertrand, vous aiment-ils ? vous les aimez, et vous n'êtes pas sûr d'être payé de retour... Ni vos bienfaits, ni la nature, ne réussiront jamais à leur inspirer un amour tel que celui des chrétiens pour Dieu ! Si vous veniez à mourir, vos enfants se souviendraient de vous en dépensant votre fortune, sans doute, mais vos petits enfants sauraient à peine si vous avez existé... et vous êtes le général Bertrand ! Et nous sommes dans une île, et vous n'avez d'autre distraction que la vue de votre famille.

Le Christ parle, et désormais les générations lui appartiennent par des liens plus étroits, plus intimes que ceux du sang, par une union plus sacrée, plus impérieuse que quelque union que ce soit. Il allume la flamme d'un amour qui fait mourir l'amour de soi, qui prévaut sur tout autre amour.

A ce miracle de sa volonté, comment ne

pas reconaître le Verbe créateur du monde?

Les fondateurs de religion n'ont pas même eu l'idée de cet amour mystique, qui est l'essence du christianisme, sous le beau nom de *charité*.

C'est qu'ils n'avaient garde de se lancer contre un écueil. C'est que dans une opération semblable, *se faire aimer*, l'homme porte en lui-même le sentiment profond de son impuissance.

Aussi le plus grand miracle du Christ, sans contredit, c'est le règne de la charité.

Lui seul, il est parvenu à élever le cœur des hommes jusqu'à l'invisible, jusqu'au sacrifice du temps; lui seul, en créant cette immolation, a créé un lien entre le ciel et la terre.

Tous ceux qui croient sincèrement en lui, ressentent cet amour admirable, surnaturel, supérieur; phénomène inexplicable, impossible à la raison et aux forces de l'homme; feu sacré donné à la terre par ce nouveau Prométhée, dont le temps, ce grand destructeur ne peut ni user la force ni limiter la durée. Moi, Napoléon, c'est ce que j'admire davantage, parce que j'y ai pensé souvent, et c'est ce qui me prouve absolument la divinité du Christ !!!

J'ai passionné des multitudes qui mouraient pour moi. A Dieu ne plaise que je forme aucune comparaison, entre l'enthousiasme des soldats et la charité chrétienne, qui sont aussi différents que leur cause.

Mais enfin, il fallait ma présence, l'électricité de mon regard, mon accent, une parole de moi ; alors, j'allumais le feu sacré dans les cœurs... Certes, je possède le secret de cette puissance magique qui enlève l'esprit, mais je ne saurais le communiquer à personne ; aucun de mes généraux ne l'a reçu ou deviné de moi ; je n'ai pas davantage le secret d'éterniser mon nom et mon amour dans les cœurs, et d'y opérer des prodiges sans le secours de la matière.

Maintenant que je suis à Sainte-Hélène..., maintenant que je suis seul cloué sur ce roc, qui bataille et conquiert des empires pour moi ? Où sont les courtisans de mon infortune ? pense-t-on à moi ? qui se remue pour moi en Europe ? qui m'est demeuré fidèle ? où sont mes amis ? Oui, deux ou trois que votre fidélité immortalise, vous partagez, vous consolez mon exil.

Ici la voix de l'Empereur prit un accent particulier d'ironique mélancolie et de profonde tristesse : « Oui, notre existence a brillé de tout l'éclat du diadème et de la souveraineté ; et la vôtre, Bertrand, réfléchissait cet éclat comme le dôme des Invalides, doré par nous, réfléchit les rayons du soleil... Mais les revers sont venus, l'or peu à peu s'est effacé... La pluie du malheur et des outrages, dont on m'abreuve chaque jour, en emporte les dernières parcelles. Nous ne sommes plus que du plomb, général Bertrand, et bientôt je serai de la terre.

Telle est la destinée des grands hommes ! Celle de César et d'Alexandre, et l'on nous oublie ! et le nom d'un conquérant comme celui d'un empereur, n'est plus qu'un thème de collége ! Nos exploits tombent sous la férule d'un pédant qui nous loue ou nous insulte !

Que de jugements divers on se permet sur le grand Louis XIV ! A peine mort, le grand roi lui-même, fut laissé seul dans l'isolement de sa chambre à coucher de Versailles... Négligé par ses courtisans et peut-être l'objet de la risée. Ce n'était plus leur maître! C'était un cadavre, un cercueil, une fosse, et l'horreur d'une imminente décomposition.

Encore un moment, voilà mon sort et ce qui va m'arriver à moi-même... Assassiné par l'oligarchie anglaise, je meurs avant le temps, et mon cadavre aussi va être rendu à la terre pour y devenir la pâture des vers...

Voilà la destinée très-prochaine du grand Napoléon... Quel abîme entre ma misère profonde, et le règne éternel du Christ prêché, encensé, aimé, adoré, vivant dans tout l'univers... Est-ce là mourir? n'est-ce pas plutôt vivre? voilà la mort du Christ! voilà celle de Dieu! »

L'Empereur se tut, et comme le général Bertrand gardait également le silence : « Si « vous ne comprenez pas, reprit l'Empe- « reur, que Jésus-Christ est Dieu, eh bien! « j'ai eu tort de vous faire général!!! »

FIN.

TABLE DES MATIÈRES.

PARIS. — IMPRIMERIE BAILLY. DIVRY ET Cⁱᵉ,
rue Notre-Dame des Champs, 49